J'EXPLORE

le monde

Les planètes

Becky Baines

Texte français de Peggy Barthélemy

NATIONAL
GEOGRAPHIC
KiDS

SCHOLASTIC

Regarde, c'est la planète Terre

De très haut, notre planète ressemble à une bille flottante bleu, blanc et vert. Mais nous savons qu'elle est bien plus que cela.

5

La Terre possède des océans géants et des étangs minuscules, des montagnes imposantes et des collines onduleuses.

Un soleil chaud.
Des flocons de neige
duveteux. Des averses
orageuses. Et des feuilles
qui tombent à l'automne.

Sur la Terre, il y a de gros ours bruns et de doux lapins, des lions puissants et des kangourous bondissants. Et des gens aussi!

Mais notre planète, la Terre, n'est qu'une planète parmi tant d'autres.

Qu'est-ce qu'une planète?

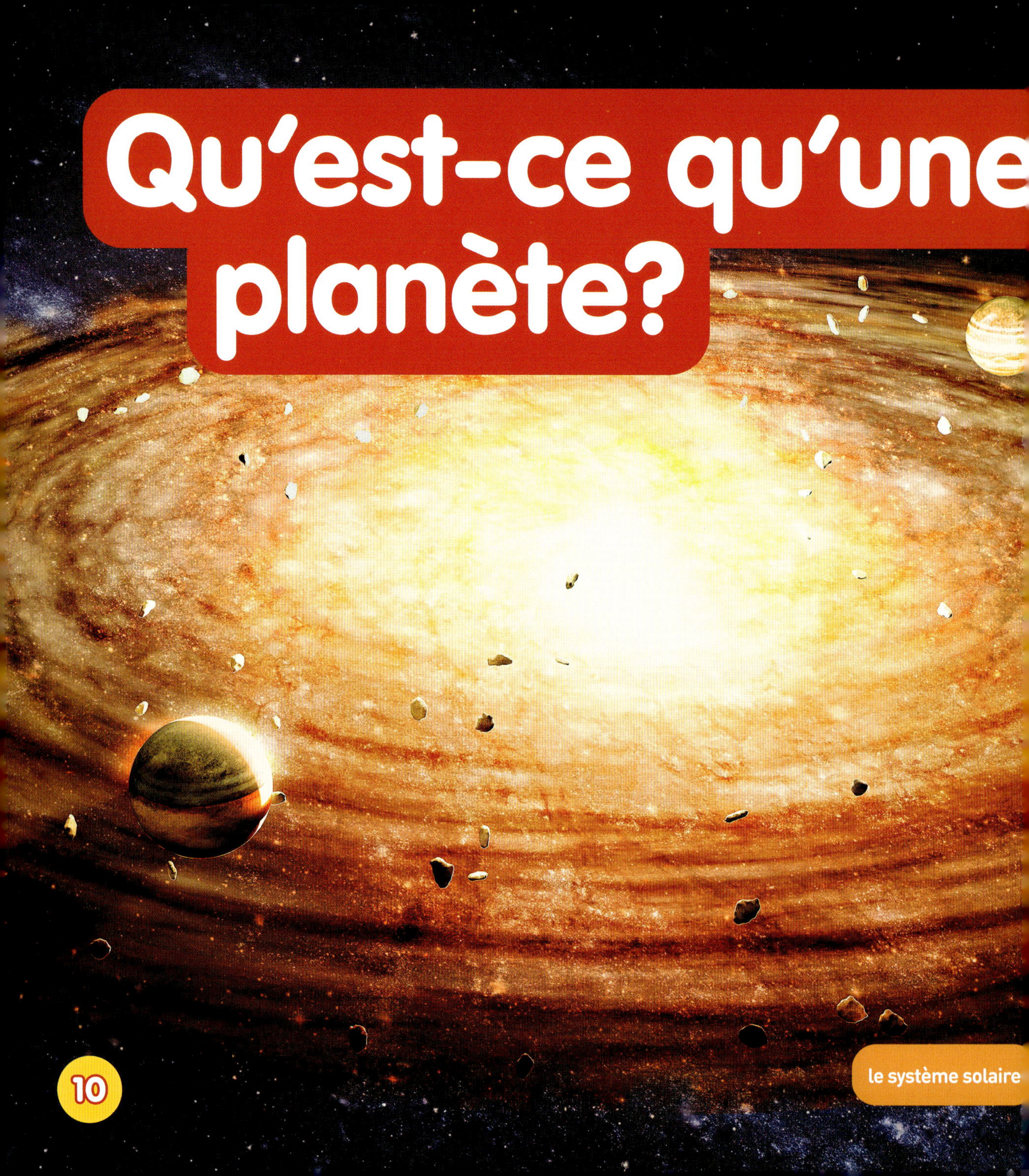

Une planète tourne autour d'une étoile.

Il y a des milliards d'étoiles dans notre univers. Notre étoile, le Soleil, maintient huit grandes planètes qui tournent dans des trajectoires en boucle.

le Soleil

Tu ne peux pas la voir, mais il y a une force, la gravité, qui retient les planètes en place.

La gravité, c'est aussi ce qui t'empêche de *flotter* dans l'espace!

le système solaire

Carte des planète[s]

Les planètes qui tournent autour de notre Soleil constituent notre système solaire. Peux-tu trouver la Terre?

Soleil

Vénus

Mars

Mercure

Terre

Quelle est ta planète préférée? Pourquoi?

Jupite[r]

Peux-tu nommer toutes les planètes par cœur?

As-tu déjà vu une planète dans un télescope?

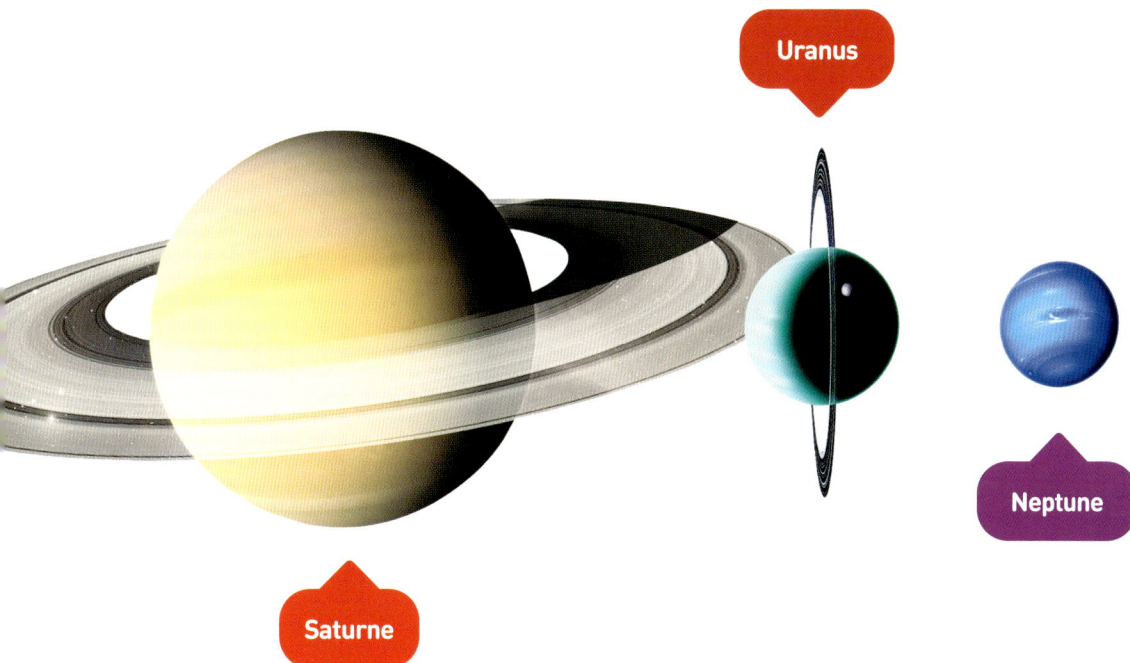

Commence par le Soleil et compte un... deux... trois! La Terre est la troisième planète en partant du Soleil.

Uranus

Saturne

Neptune

illustration non à l'échelle

13

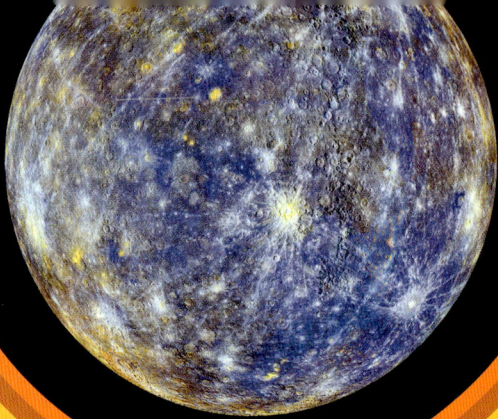

La surface de Mars est rouge parce qu'elle est couverte de roches rougeâtres qu'on appelle minerai de fer.

Les quatre planètes les plus proches du Soleil sont faites de roche et de métal. Elles sont les plus chaudes de toutes les planètes... les deux plus proches sont un peu trop chaudes pour nous!

la surface de Mars

le rover martien

La Terre se trouve exactement au bon endroit, appelé la zone Boucles d'or. Les gens vivent là où il ne fait ni trop chaud ni trop froid!

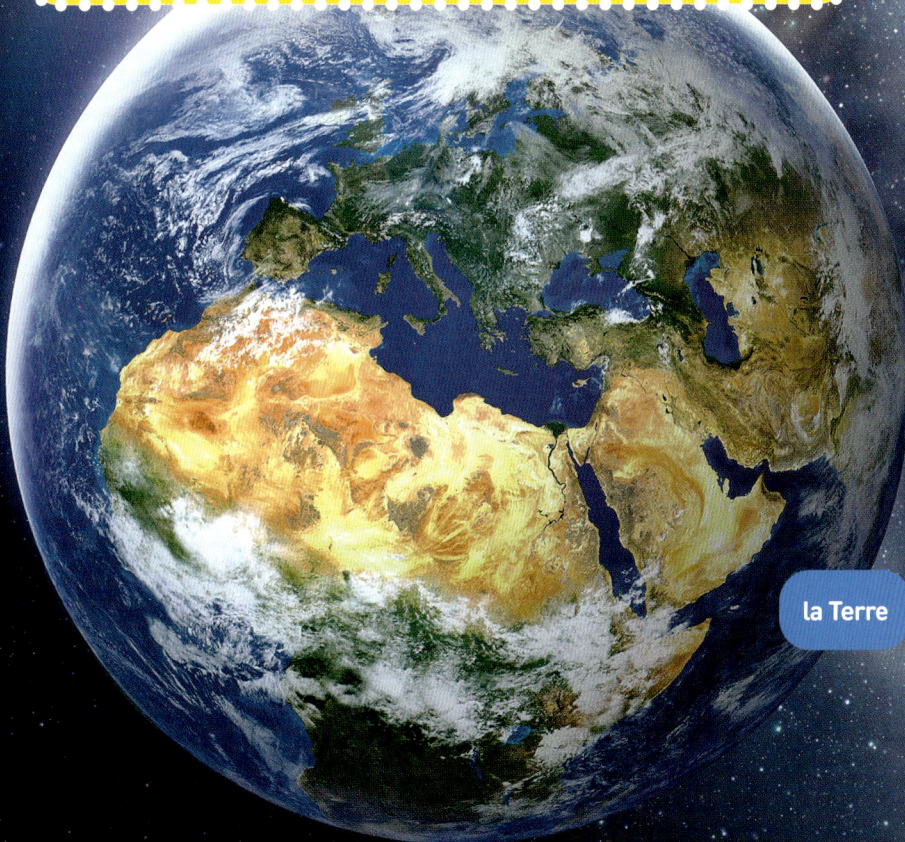

la Terre

Quatre planètes gazeuses géantes tourbillonnent dans l'espace. Elles n'ont pas de sol dur comme les planètes rocheuses.

Planètes à anneaux

Certaines planètes sont entourées d'anneaux. Les anneaux de Saturne sont faits de poussière et de glace. La lumière du Soleil se reflète sur la glace et fait briller les anneaux.

les anneaux de Saturne en gros plan

17

Un vaisseau spatial a pris cette photo de Pluton à une distance de 450 000 km.

Un vaisseau spatial a pris cette photo de Pluton à une distance de 450 000 km.

Cinq minuscules planètes, appelées planètes naines, se trouvent aussi dans notre système solaire. Elles sont trop petites pour être considérées comme des planètes normales, mais trop grosses pour être de simples corps rocheux.

Une fusée décolle vers l'espace.

Certaines planètes naines sont très éloignées. Si tu pouvais te rendre sur la plus lointaine d'entre elles en fusée, il te faudrait jusqu'à 30 ans pour y arriver!

Tout un climat!

Sur les autres planètes, le climat n'est pas le même que sur la Terre.

Une journée ordinaire sur Vénus est 400 fois plus chaude que la journée d'été la plus chaude sur Terre.

la surface de Vénus

Sur Jupiter et Vénus, les ouragans durent des années!

Des tempêtes de poussière géantes font rage sur Mars pendant des mois.

Pluton et sa lune, Charon

À mesure que Pluton s'éloigne du Soleil, le gaz qui l'entoure gèle et tombe sous forme de neige.

Certaines planètes ont des lunes. Les lunes sont des roches ou de la glace qui tournent autour d'une planète.

La Terre a une lune, mais Jupiter en a plus de 60!

la Terre et
sa lune

Il a fallu trois jours à des astronautes dans un vaisseau spatial pour atteindre notre lune. Il faudrait plus d'un an pour aller de la Terre aux lunes de Jupiter.

Notre système solaire peut sembler très grand, mais ce n'est qu'un système solaire dans une galaxie appelée la Voie lactée. À ce jour, les scientifiques ont compté 500 autres systèmes solaires dans notre galaxie.

la Voie lactée

la galaxie du Moulinet

La Voie lactée n'est qu'une des centaines de milliards de galaxies de l'Univers! Si tu commençais à compter maintenant, il te faudrait 30 ans pour arriver à un milliard.

Salut, voisin!

Il y a tant de planètes que tu te demandes peut-être s'il y a des gens ou des animaux dans l'espace. Les astronomes sont des scientifiques de l'espace qui se posent la même question.

Le télescope spatial Kepler aide les scientifiques sur Terre à explorer l'espace.

Les astronomes utilisent des télescopes pour explorer le ciel nocturne. Ils se servent d'ordinateurs pour rechercher les planètes qui ressemblent le plus à la Terre. D'ailleurs, ils en ont déjà trouvé quelques-unes!

un observatoire à La Serena, au Chili

Lève les yeux!

Peut-être qu'un jour, quand tu seras adulte, tu pourras monter à bord d'une fusée pour aller sur Mars! En attendant, lève les yeux vers le ciel nocturne, regarde, émerveille-toi et imagine ce qu'il y a d'autre là-bas.

Dessine
un extraterrestr

Si les astronomes trouvaient de la vie
d'autres planètes, à quoi ressembler
elle? Ces extraterrestres auraient-il

des yeux d'araignée? —
des pattes de canard? —
une trompe d'éléphant?
des bois d'orignal? —
une queue de dauphin?

Prends
une feuille
de papier et dessine
ton propre
extraterrestre!

À la douce Eva — B. B.

Catalogage avant publication de Bibliothèque et Archives Canada

Titre: Les planètes / Becky Baines ; texte français de Peggy Barthélemy.
Autres titres: Planets. Français.
Noms: Baines, Becky, auteur.
Description: Mention de collection: National Geographic kids. J'explore le monde | Traduction de : Planets.
Identifiants: Canadiana 2021027512X | ISBN 9781443193733 (couverture souple)
Vedettes-matière: RVM: Planètes—Ouvrages pour la jeunesse. | RVM: Système solaire—Ouvrages pour la jeunesse. | RVMGF: Documents pour la jeunesse.
Classification: LCC QB602 .B3514 2022 | CDD j523.2—dc23

Édition publiée par les Éditions Scholastic, 604, rue King Ouest, Toronto (Ontario) M5V 1E1, avec la permission de National Geographic Partners, LLC.

5 4 3 2 1   Imprimé en Chine 38   22 23 24 25 26

FSC
www.fsc.org

MIXTE
Papier issu de sources responsables
FSC® C144853

Depuis 1888, National Geographic Society a financé plus de 12 000 projets de recherche scientifique, d'exploration et de préservation dans le monde. La société reçoit des fonds de National Geographic Partners, LLC, provenant notamment de votre achat. Une partie des produits de ce livre soutient ce travail essentiel. Pour plus de renseignements, veuillez vous rendre à natgeo.com/info.

NATIONAL GEOGRAPHIC et la bordure jaune sont des marques de commerce de National Geographic Society, utilisées avec autorisation.

L'éditeur tient à remercier le docteur Brendan Mullan, directeur des sciences du projet Wrinkled Brain et explorateur émergent de National Geographic, pour la révision de ce livre.

Direction artistique et conception graphique : Callie Broaddus
Édition photographique : Christina Ascani

RÉFÉRENCES PHOTOGRAPHIQUES

Couverture, David Aguilar; quatrième de couverture, Johan Swanepoel/Shutterstock; 1, Steven Puetzer/Getty Images; 2-3, Marc Ward/Stocktreck Images/Getty Images; 4-5, dem10/Getty Images; 6, Kjell Suwardi Linder/Getty Images; 7 (en haut, à droite), Stephen Krasemann/Getty Images; 7 (en bas, à gauche), anuchit kamsongmueang/Getty Images; 7 (en bas, à droite), Westend61-FotoFealing/Getty Images; 8 (en haut), Mark Newman Getty Images; 8 (en bas), Callie Broaddus; 8-9, Boris Diaw; 10, Andrzej Wojcicki/Science Photo Library; 11 (en haut), Henning Dalhoff/Science Source; 11 (en bas), Jose Antonio Peoas/Science Source; 12 (à gauche), Henning Dalhoff/Science Source; 12 (au centre, à gauche), David Aguilar; 12 (au centre), David Aguilar; 12 (au centre, à droite), David Aguilar; 12 (à droite), David Aguilar; 12-13 (au centre), David Aguilar; 13 (à gauche), David Aguilar; 13 (au centre), David Aguilar; 13 (à droite), David Aguilar; 14 (arrière-plan), David A. Hardy/Science Photo Library; 14 (en haut, à gauche), NASA; 14 (au centre), Levent Konuk/Shutterstock; 15, Detlev van Ravenswaay/Science Source; 16, David Aguilar; 17 (arrière-plan), Brand X/Getty Images; 17 (en haut, à droite), David Aguilar; 17 (en bas, à gauche), Peter Bull Dorling Kindersley/Getty Images; 18 (à gauche), NASA; 18 (en haut, à droite), NASA/JHUAPL/SwRI; 19, janez volmajer/Shutterstock; 20-21 (arrière-plan), Science Source; 20 (en bas), William Radcliffe/Getty Images; 21 (en haut), Detlev van Ravenswaay/Science Source; 21 (en bas), David A. Hardy/Science Photo Library; 22-23, A. Gragera, Latin Stock/Science Source; 23 (arrière-plan), Brand X/Getty Images; 23 (en haut, à droite), Donald E. Carroll/Getty Images; 23 (au centre), NASA; 24 (en haut, à droite), Photo Researchers/Getty Images; 24 (en bas, à gauche), European Southern Observatory/Science Source; 24 (en bas), UniqueLight/Shutterstock; 25, NASA; 26, Kauko Helavuo/Getty Images; 27 (en haut), Lynette Cook/Science Source; 27 (en bas), Roger Ressmeyer avec Ian Shelton/Corbis; 28-29, Christophe Lehenaff/Getty Images; 30 (en haut), Manoj Shah/Getty Images; 30 (en bas), DmitriMaruta/Shutterstock; 30-31 (en bas), Kaya Affan Dengel; 31 (en haut, à droite), Raquel Lonas/Getty Images; 31 (en haut, à gauche), Mark Moffett/Getty Images; 31 (en bas, à gauche), Lukas Gojda/Shutterstock; 31 (en bas, à droite), Patrick Endres/Design Pics/Getty Images; 32, John Hook/Getty Images